UNIVERSITÉ DE FRANCE.

ACADÉMIE DE STRASBOURG.

ACTE PUBLIC
POUR LA LICENCE,

PRÉSENTÉ

A LA FACULTÉ DE DROIT DE STRASBOURG

ET SOUTENU PUBLIQUEMENT

le Lundi 13 Décembre 1858, à midi,

PAR

JULES CORRARD DES ESSARTS,

de Nancy (Meurthe).

STRASBOURG,
DE L'IMPRIMERIE D'ÉDOUARD HUDER, RUE DES VEAUX, 4.
1858.

A MON PÈRE,

CONSEILLER A LA COUR IMPÉRIALE DE NANCY,
CHEVALIER DE LA LÉGION-D'HONNEUR.

A MA MÈRE.

(C.)

J. CORRARD DES ESSARTS.

A MON BEAU-PÈRE.

J. CORRARD DES ESSARTS.

FACULTÉ DE DROIT DE STRASBOURG.

MM. Aubry ✳ . . . . doyen et prof. de Droit civil français.
Hepp ✳ . . . . professeur de Droit des gens.
Heimburger . . . . . professeur de Droit romain.
Thieriet ✳ . . . . . professeur de Droit commercial.
Schützenberger ✳ . professeur de Droit administratif.
Rau ✳ . . . . professeur de Droit civil français.
Eschbach . . . . . . professeur de Droit civil français.
Lamache ✳ . . . . . professeur de Droit romain.
Destrais . . . . professeur de Procédure civile et de
Droit criminel.

M. Blœchel ✳ . . . . . . professeur honoraire.

MM. Lederlin, professeur suppléant provisoire.
Marinier, *idem*.

M. Bécourt, officier de l'Université, secrétaire, agent compt.

MM. Thieriet, président de la thèse.
Heimburger,
Schützenberger, } professeurs.
Zæpffel, docteur en droit.

La Faculté n'entend approuver ni désapprouver les opinions particulières au candidat.

JUS ROMANUM.

—◆◆◆—

DE COMMODATO.

PROŒMIUM.

Plerumque evenit inter homines, ut quod alteri superest, alteri desit; egentibus igitur succurrere humanum est, et illis gratuito rerum quibus indigent necessario tempore usum concedere, ea conditione, ut finito usu vel tempore rem restituant.

Sed diversitas rerum ita concessarum jus constituit diversum. Res quæ numero, pondere mensurave constant, primo usu consumuntur; idcirco, qui eas ad utendum accepit, in specie restituere nequit, quia abusus est, sed res tantum ejusdem naturæ et qualitatis (Inst. 3, 14). Itaque mutui datio proprium est nomen illius contractus, quia ad eum, qui rem abutendam accepit, dominium et possessio rei transeunt, sine quibus nulla est consumptio in qua omnis usus constat.

Contra, si tibi rem non abutendam sed utendam tantum tradidi, eamdem, usu finito, rem mihi restituere debebis, quia rei dominium possessionemque retinens, tibi solum usum detentionemque nudam concessi. Contractus ille vocatur commodatum.

1

Duo isti contractus insigni differentia discedunt: Mutui datione transferuntur dominium et possessio, retinentur autem in commodato (Dig. 13, 6, 8). In mutui datione non eadem res restituanda, sed ejusdem naturæ et quantitatis; in commodato contra res individua, in specie. — Si quis rem alienam in mutuum det, nihil agit (D. 12, 1, 2, § 4); commodatum vero a non domino concessum valet, si quidem in possessione sit commodans, tametsi sciens alienam possideat (D. 13, 6, 15).

Mutui tandem datio stricti juris est contractus, ab uno latere obligationes et tantum certi condictionem pariens (Inst. 3, 14).

Contra commodatum bonæ fidei contractus est, et quamvis ab initio solum quoque commodatarium obliget, duas tamen bonæ fidei gignit actiones (Inst. 4, 6, § 28): quarum prima, directa vel principalis vocata, rei restituendæ causa contractum concomitat; secunda autem contraria ex post facto et ex variis causis nascitur (D. 13, 6, 18, § 2), ut indemnitati ejus consulatur, qui commodatum accepit.

Quæ generalia quidem sufficere debent: nobis enim de duobus istis contractibus non disserendum est, sed de his tantum quæ generaliter spectant, et specialiter de commodato.

Definitio.

Commodatum est contractus *bonæ fidei, re constans*, quo res alteri *gratis, ad certum tempus* et modum, utenda traditur, ea lege ut finito tempore vel usu restituatur *in specie*.

Quæ definitio paucis explicanda est:

Dicitur contractus bonæ fidei: nam sicut ex jure gentium omnes pene contractus introducti sunt (Inst. 1, 2, § 2, in fine), commodatum e necessitate temporum rerumque originem duxit, et apud omnes gentes naturali ratione receptum est. Et quidem ob id, ex hoc contractu actiones quoque quæ nascuntur, bonæ fidei dicuntur; in hujusmodi autem judiciis libera potestas permitti videtur judici ex bono et æquo æstimandi, quantum actori restitui debeat (Gaïus IV, 16. Inst. IV, 6, § 30).

Item re constans — quia neque verborum neque scripturæ ulla desideratur proprietas, ut substantiam capiat obligatio, sed traditio rei ex consensu et usus causa facta sufficit.

Verbum *gratis* commodatum separat à locatione ; nam locatio conductio ita contrahi intelligitur, si merces constituta sit. Gratuitum vero debet esse commodatum (Inst. 3, 14, § 2), quia officium est et sub amico affectu fit, non sub avido fœnore.

Verbum *ad certum tempus* commodatun separat à precario, in quo roganti tamdiu res conceditur utenda, quamdiu is qui concessit patitur (D. 43, 26).

Verbum *in specie* separat a mutui datione.

De conditionibus ad perficiendum commodatum necessariis.

Nunc ad eas transiendum conditiones, quæ ad perficiendum adhibendæ sunt commodatum, quarum quidem duæ præsertim spectari debent, scilicet res et consensus ; quæ quidem conditiones videntur necessariæ, quia illis omissis nihil jure agitur, vel sublata ex his una, non commodatum esse constat, sed aliud aliquid contrahitur negotium.

§ I. *De re.*

Jam supra dictum est commodatum sine re, quæ utenda traditur, non posse intelligi, et hoc quidem demonstrare non opus est.

Plures autem in re commodanda requirendæ sunt conditiones, quibus carentibus, jure non valet commodatum :

1º Res, quas natura vel jus gentium moresve civitatis commercio exuerunt, commodari non posse palam est.

2° Non possumus commodare id quod primo usu consumitur, nisi forte ad pompam vel ostentationem quis accipiat (D. 13, 6, 3, §6) et in individuo restituat. Sæpe enim ad hoc commodantur pecuniæ , ut dicis gratia numerationis loco intercedant (D.13, 6, 4, h. t.).

3° Licitus esse debet usus concessus, alioquin nullam habet actionem commodator : nam ubi et dantis et accipientis turpitudo versatur, non repetendum est (D. 12, 5, 3). Imo certus esse debet usus, scilicet ab eo destinatus qui commodat. Si quis ergo explorandi causa rem tradat, nullum est commodatum, quia non utendam quidem, sed inspiciendam tantum rem tradidit.

Servatis autem his supradictis conditionibus , nihil refert mobilis solive sit res commodata ; habitatio quoque commodari potest (D. 13, 6, 1) ; imo res aliena , tametsi sciens alienam possideat commodator (D. 13. 6, 15).

Non requiritur enim ut, qui commodat, sit rei commodatæ dominus, dominive opinionem habeat : ita et si fur vel prædo commodaverit, habeat commodati actionem (D. 13, 6, 16), propterea quod usus quidem certus ac temporalis ad quem spectat commodatum , cum haberi possit salva rei substantia, nec dominii nec possessionis eget.

Tandem naturali ratione, si quis rem suam utendam accipiat, irritum est commodatum , nisi scilicet usufructuarius rei usufructum illo commodet, qui nudam retinet proprietatem.

His de rebus quæ commodari possunt expositis, sequitur nunc ut nullo impedimento de consensu et traditione loquamur.

§ II. *De consensu.*

In primis observandum est, quod ad perficiendum commodatum non sufficit contrahentes de re, tempore modoque commodati consentire, oportet adhuc rem commodatario, brevi longave manu (D. 23, 3, 43, § 1. — 46, 3, 79) tradi , nisi jam antea aliquo modo causaque aliqua eam detineat, ita ut ea ad certum usum uti possit.

Nunc ut jure in contractu intercedat consensus, omni vitio, scilicet errore, vel dolo, vel vi ac metu aut simulatione immunis esse debet et ab illo datus qui capax est.

Si quis igitur affectione motus, prudentiæ vero oblitus, impuberi vel furioso sine tutoris auctoritate curatorisve consensu commodaverit, non habebit commodati actionem, etsi commodatarius pubes sanusve factus dolum aut culpam admiserit, quia ab initio commodatum non consistit (D. 13, 6, § 2, in fine). — Sed commodans adjuvari debet, ne beneficium in ejus detrimentum vertatur : idcirco cum impubes vel furiosus rem possidet commodatam, actione ad exhibendum tenebitur, ut res exhibita vindicetur (D. 13, 6, 2).

Quinimo non civili quidem sed naturali jure, si pupillus, distracta scilicet re et pretio in suam utilitatem converso, locupletior factus sit, danda est utilis actio commodati (D. 13, 6, 5).

Cæterum si minor viginti quinque annis, sed doli capax, dolo aliquid in re commodata fecit, cum nihil ad eum suo delicto pervenerit, non adjuvabitur (D. 4, 4, 9, § 2). — Observandum est enim non passim minoribus subveniri, sed causa cognita, si capti esse proponantur (D. 4, 4, 11, § 5).

Si filiofamilias commodatum sit, cum ipso et directo agere quis poterit, sed duntaxat de peculio ; si servo, ancillæ vel filiæfamilias, duntaxat de peculio agendum erit, et pater vel dominus commodatarii peculio tenus tenebitur, nisi ex proprio dolo conveniatur (D. 13, 6, 3, § 4 et 5).

Unum adhuc notandum est. Quoniam commodatum traditione ex consensu et usus causa facta perficitur, satis constat scripturam adhibere necesse non esse. In contractibus enim qui ex bona fide descendunt, instrumentorum oblatio sine causa desideratur, si quo modo veritas de fide contractus possit ostendi. Interdum tamen, probationis causa, instrumentum intervenit, in quo tempus modusque adscribuntur : quo casu, non aliter perfectum est commodatum, nisi et instrumenta fuerint conscripta, vel manu propria contrahentium conscripta, vel ab alio quidem sed a contrahentibus suscripta, et si per tabelliones fiant, nisi et completiones acceperint, et fuerint contrahentibus absoluta.

De commodati effectibus.

Jam vidimus supra quæ res in commodatum dari possint, qua traditio et in quam usus speciem fieri debeat, denique inter quas personas contrahi possit necne, nunc transeamus ad commodati effectus.

Ex commodati contractu duplex descendit actio, directa et contraria, civilis origine quidem, approbatione tantum prætoria : de quaque nunc singulariter dispiciendum est.

§ I. De actione commodati directa.

Qui commodatum accipit, re commodata uti debet secundum con- cessum modum reive speciem, eam custodire et finito usu vel tempore individuam restituere.

In rebus commodatis talis diligentia præstanda est, qualem quisque diligentissimus paterfamilias suis rebus adhibet (D. 13, 6, 18), usque adeo ut etiam rei commodatæ accessionem sequatur (D. 13, 6, 5, § 9). Nam plerumque commodatum solam ejus utilitatem continet, cui commodatur.

Ubi vero utriusque utilitas vertitur, dolus et culpa præstabuntur; solius ubi commodantis, solum plane dolum, qui rogavit, præstabit (D. 13, 6, § 2 et 10).

Sed hæc ita, nisi si quid nominatim convenit, vel plus vel minus, nam hoc servabitur, quod initio convenit, legem enim contractus dedit (D. 50, 17, 23).

Hæc pactio tamen, ne dolus præstetur, rata non erit, quia contraria bonis est moribus (D. 13, 6, 7).

Majore igitur si aliquo casu, veluti incendio, ruina, naufragio, prædonum hostiumve incursu aliisque similibus, commodata res vel tantum minuitur, omninove perit aut amittitur, sed sine dolo culpave commodatarii (quod quidem primum probare debebit commodatarius), non periculum præstabit, quia humana infirmitas majoribus casibus resistere nequit, et nullum humanum fortuitos prævidere casus potest consilium. — Procul dubio est quoque ad eum, qui rogavit, damnum injuria ab alio datum, non pertinere. Qua enim cura vel diligentia consequi possumus, ne aliquis damnum nobis det injuria (D. 13, 6, 19).

Alioquin rationis est commodatarium teneri propter culpam ante casum admistam, et ob secutum casum non excusandam. Item jus est, si, cum incidit casus, aliqua commodatarii adhuc deprehendatur culpa, etsi nulla fuerit ante casum, ut puta si suas prætulerit, cum commodatas res salvas facere posset (D. 13, 6, 5, § 4). — Cæterum tenebitur quoque, nulla etiam culpa interveniente, non solum si ita convenerit, ut amissionis vel damni futuri periculum susciperet, sed etiam cum rem æstimatam acceperit. Æstimatio enim ejus periculum facit, qui suscepit. Aut igitur ipsam rem debebit incorruptam reddere, aut si nequit, æstimationem de qua convenit (D. 19, 5, 1, § 1).

Commodati proprium est ut habeat certum modum aut tempus. Ita si commodatarius re commodata usus sit ad eum modum vel tempus, extinguitur commodatum : et convenit bonæ fidei ut eam reposcenti commodanti restituat.

Si vero commodatarius rem commodatam teneat ultra præscriptum tempus vel eam ad alium transferat usum quam accepit, non solum commodati tenebitur, sed furti quoque (D. 13, 6, 5, § 8; Cod. l. 2, h. t.), nisi aliqua justa causa id dominum permissurum potuerit æstimare (D. 47, 2, 76).

Nunc vidimus quatenus hac actione commodatarius rem commodatam restituere teneatur. Et quidem commodanti ipso, vel si aliqua causa, puta ætate, morbo vel similibus aliis, illo solvi non potest, tutori curatorive ejus, rem cum fructibus et accessoriis reddere debet

integram (D. 22, 1, 38, § 10). Non videtur enim reddita, quæ deterior
redditur. Sive igitur non possit res commodata reddi, sive non aliter
quam deterior, locus est actioni commodati, præsertim, si quid in ea
re factum sit dolo malo. Est enim alienum à bona fide, ut quem beneficio effecerim, is mihi injuriam referat pro gratia.

Convenit igitur judicis officio in hac actione, ut æstimetur, quod
actoris interest, ei deterioratam rem restitutam esse. In hac quidem
æstimatione, rei judicandæ tempus, quanti res sit, observatur, ut in
cæteris bonæ fidei judiciis fieri solet, quamvis in stricti juris judiciis
litis contestatæ tempus spectetur. Notandum autem est, quod si actor
litis oblatam susceperit æstimationem, rem offerentis facit (D. 13, 6,
5), maxime præsentem; absentem vero tunc, cum reus possessionem
est ex voluntate actoris nactus.

Non tenebitur tamen commodatarius, si ex ipso usu ad quem commodata est, vel ab aliis personis circa ipsius culpam deterior facta sit
res (D. 13, 6, 19).

Illud quoque in hoc judicio venit quod, si, ut certo loco vel tempore
reddatur convenit, officio judicis inest ut rationem loci vel temporis
habeat (D. 13, 6, 5). Si quidem commodans tempus neque locum
præscripserit, usu finito vel tempore, reddenda est commodata res et
in loco deponenda, quo ante erat.

Observandum est quod, si res commodata commodantis nuntio tra-
dita, cui dominus rem dari jusserat, pereat, totum commodantis erit
detrimentum (D. 13, 6, 12, § 1): nam quod jussu alterius solvitur,
pro eo est, quasi ipsi solutum esset (D. 50, 17, 180). Commodatarii
vero damnum, si commonendi tantum causa missus fuerat nuntius, ut
referatur res commodata. — Denique cum commodatarius suo maxime
idoneo servo rem ad dominum perferendam tradiderit, si illam mali
homines intercipiant, quod sane non æstimandum erat, non commodatarii erit detrimentum, quia malæ electionis non est in culpa, sed
commodantis, cujus gratia prælatio fit, et qui furti non causam quidem, sed principium et occasionem dedisse videtur.

Usque nunc finximus unam rem esse commodatam, commodatarium unum. Quid igitur si duæ sint commodatæ res uni, vel una pluribus? Primo casu potest ne de altera agi ? Vivianus quidem putat ; quod tamen verum ita videtur, si separatæ sint res (D. 13, 6, 17, § 4). — Si duo sint commodatarii, fuit quæsitum utrum actio adversus singulos in solidum, an pro portione? Quamvis res commodata pluribus talis fuerit, ut non nisi partem singuli in hujus usu potuerint occupare, singuli tamen in solidum hac actione tenentur, quasi commodans sit singulorum fidem in solidum secutus, quia duo quodammodo rei habentur, ita ut alter conventus, si præstiterit, liberet alterum et ambobus competat actio furti (D. 13, 6, 5, § 15). Nec obstat africanus (D. 13, 6, 21, § 1); in illa enim specie commodatarii conjunctim periculum susceperunt, pacti ut quisque partem periculi præstaret.

Cæterum sicut hæc actio datur adversus commodatarium, ita datur adversus ejus hæredes; et si plures sint, pro portionibus hæreditariis, nisi si quis ex suo facto conveniatur (D. 13, 6, 17, § 2) aut nisi unus habeat facultatem restituendæ rei totius, nec faciat (D. 13, 6, 3, § 3).

Non oblivisci etiam oportet, quod cum ea concurrunt actiones aliæ, ut furti cujus exemplum (D. 15, 6, 5, § 8); condictio ex causa furtiva (D. 13, 6, 14), legis Aquiliæ tandem (D. 13, 6, 7, § 1, et 18, § 1); sed si qua earum actum fuerit, aliæ tolluntur, vel minuuntur.

Sed de actione commodati directa satis. Nunc ad contrariam transire oportet.

§ II. *De actione commodati contraria.*

Commodatum est, ut supra vidimus, contractus ab uno tantum latere obligationes pariens, sed ex post facto possunt justæ causæ intervenire ut, cum eo qui commodasset, agi deberet (D. 13, 6, 18, § 2).

Ut enim negotiorum gestor non impune absentis peritura deserere potest, quia quod principio beneficii et nudæ voluntatis fuerat, convertatur in mutuas præstationes actionesque civiles, sic et commodans postquam commodavit, tunc finem præscribere et retroagere atque

intempestive usum auferre nequit: officium, enim non tantum im-
pedit, sed et suscepta obligatio inter dandum accipiendumque (D. 13,
6, 17, § 3). — Commodans igitur actione tenebitur contraria, si per
se hæredemve suum aliquid fecerit, quominus commodatario uti li-
ceat, puta si rem commodatam, tempore usuve nondum finito, au-
ferrat, et ita damnum commodatorio tribuat, quod certe vitasset ille,
sive rem emendo, sive ad alium benevolentiorem rogando : officium
enim nemini debet esse captiosum.

Simili ratione commodantem sua liberalitate decipi non oportet. Postquam igitur tempus præscripserit, expleto tempore, ad rem restituen-
dam commodati habebit actionem, quanquam vis aliqua major, sicut
morbus, intra hoc tempus usum impediverit; quod verius, si dati
temporis oblitus negligenter re non usus fuerit commodatarius. —
Quinimo, interveniente fortuito casu, extrema necessitate victus commodans adimpleto nondum usus tempore rem commodatam repetere
valebit, et, causa cognita, prætor commodati actionem dabit, quod sane
bonæ fidei convenit, ne beneficium corrumpatur, et commodanti damnum ingens ex ipsius liberalitate proficiscatur.

Ex pluribus autem causis hæc actio contraria datur. Ad commodatarium pertinent impensæ, quæ solum rei usum spectant, sicut et
usufructuarius onera sustinet usus, solicet modicas impensas; majores
vero commodantis sunt, qui dominium retinet et possessionem. Quinimo commodantem rei de periculo monere commodatarius, et si
quidem absit, ruina imminente, ut negotiorum gestor, debet cavere
et omnia necessaria solvere impendia, ne pereat commodatum. Rem
vero ita servatam, veluti quodam pignoris jure, poterit retinere, donec
indemnitati ejus consulatur, quanquam ex pretextu debiti rei commodatæ restitutio non probabiliter recusetur. Quod si rem commodans
relinquat potius quam solvat impendia, tunc adversus illum contrario
judicio aget commodatarius, ut solutam repetat pecuniam.

Item contraria commodati actione agit commodatarius ejus damni
nomine, quod sensit ex vitio rei commodatæ, cum sciens non prædixit

vitium commodator (D. 13, 6, 18, § 3). Adjuvare quippe nos, non decipi beneficio oportet.

Non tenebitur vero nescius vitii commodator, nec etiam sciens, cum rei vitium oculis tam clare appareat, ut in culpa malæ electionis sit commodatarius, qui non antea exploratam rem accepit.

Tandem si commodatarius, postquam in judicio condemnatus perditæ vel subreptæ rei pretium solverit, rem in potestate commodantis noscat reditam, vel ab ipso subreptam fuisse, tunc contraria actione solutum poterit repetere pretium (D. 13, 6, 17 et 21).

Hæc actio contraria potest directæ opponi per modum exceptionis jure pensationis seu retentionis (D. 13, 6, 18, § ult. Gaius) ut supra vidimus, et sicut cæteræ, quæ dicuntur contrariæ, etiam sine principali moveri (D. 13, 6, 17, § 1).

Notandum est denique quod, sicut directa, est privata, perpetua, rei persecutoria, in simplum sed in solidum pro personarum conditione contra quas agitur, et datur hæredibus et contra hæredes.

DROIT CIVIL FRANÇAIS.

DU PRÊT EN GÉNÉRAL ET PARTICULIÈREMENT DU COMMODAT.

(Art. 1874 à 1891.)

PRÉLIMINAIRES.

Le contrat de prêt apparaît au berceau de la société, à l'origine de tous les peuples comme une nécessité sociale, qui se perpétue au milieu de la barbarie comme au sein de la civilisation la plus avancée. Pour bien apprécier la nature et le caractère de ce contrat, il faut examiner avec soin les éléments qui président à sa formation.

L'amour et l'intérêt sont les liens les plus forts qui unissent les hommes entre eux et les maintiennent en société ; mais à mesure que l'un de ces liens se resserre ou se détend, que l'un des éléments de cette union prédomine, la nature des relations change et avec elle le caractère des contrats.

Le contrat de prêt, lui aussi, a subi l'influence de ces changements, et s'est transformé tantôt en louage, tantôt en prêt à intérêt, noms nouveaux créés par la jurisprudence pour indiquer les modifications survenues et dans les causes et dans les règles du contrat primitif. Néanmoins le signe originaire et distinctif du contrat de prêt, qui faisait dire à Paul (l. 17, §3. D. Com.) *voluntatis et officii magis quam necessitatis est commodare,* a survécu ; la gratuité sert encore à le reconnaître, et quoique souvent l'intérêt soit la cause principale et déterminante de ce contrat, que le commodat seul soit essentiellement gratuit (art. 1876), le nom de contrat de bienfaisance est resté au contrat de prêt ainsi qu'à la donation (Pothier, art. prélim. du prêt), parce qu'il procède de dispositions bienveillantes du même ordre, mais seulement de moindre étendue.

Le contrat de prêt est rangé dans la classe des contrats du droit des gens, *contractus juris gentium,* non-seulement à cause de son usage antique et universel, mais parce qu'il est régi par les seules règles de la raison naturelle, l'équité et la bonne foi. Le droit civil ne l'assujettit à aucune formalité, car la rédaction par écrit qui doit intervenir, quand la valeur de la chose prêtée dépasse 150 fr., n'est exigée que *probationis causa,* et n'affecte pas la substance du contrat.

Toutefois le consentement seul des parties serait insuffisant pour assurer la perfection du prêt ; une condition préalable est indispensable, c'est la tradition réelle ou feinte, peu importe, de la chose prêtée.

L'obligation de rendre la chose, qui est de l'essence du prêt, ne peut être imposée à l'emprunteur, s'il ne l'a pas reçue. De la nécessité de cette délivrance préalable de la chose vient le nom de *réel* conservé à ce contrat (Pothier, n° 6), nom qui, s'il ne réveille pas les idées rigoureuses, le respect outré de la forme particulier au Droit romain, exprime du moins une vérité palpable. En vain Toullier (tom. 6, n° 17) blâme-t-il cette dénomination comme inutile, sous prétexte qu'aujourd'hui la simple promesse de prêt est obligatoire par elle-même, tandis qu'en Droit romain elle ne formait, à moins d'une stipulation accessoire, qu'un pacte sans force, *nudum pactum ;* il est logique de distinguer par un nom particulier le contrat de prêt, dans lequel l'obligation principale incombe sur l'emprunteur, de la simple promesse, contrat innomé, qui fait au contraire peser la principale obligation sur le prêteur.

La nature synallagmatique ou unilatérale du contrat de prêt a été aussi l'objet d'une vive controverse. La disposition du Code semble confirmer la première opinion, puisqu'il consacre une section aux obligations de l'emprunteur, une autre à celles du prêteur.

Les partisans de cette opinion s'appuient aussi sur les art. 1888 et 1891, le premier voulant que le prêteur ne redemande la chose qu'après qu'elle a servi à l'usage convenu, le second le rendant responsable des dommages causés à l'emprunteur par les vices cachés de la chose, lorsque, les connaissant, il n'en a pas averti le commodataire. Mais ces raisons ne nous semblent pas suffisantes. Les jurisconsultes romains regardaient l'obligation de l'emprunteur comme la seule principale donnant lieu à une action directe; l'obligation du prêteur n'était qu'indirecte, l'action contraire naissait sans convention du quasi-contrat *de negotiorum gestio* (Paul., l. 17, § 3, D. Commod.).

Cette obligation accessoire de l'emprunteur dérive de l'équité seule; elle n'est ni principale ni incidente, et ne se montre pas comme le corollaire nécessaire de l'obligation de l'emprunteur. Il n'y a entre elles aucune correspondance; l'emprunteur est réellement obligé, l'obligation du prêteur est purement négative, c'est l'absence d'un droit. Aussi lorsque le contrat de prêt est constaté par un acte sous seing privé, il n'est pas assujetti à la formalité du double écrit : le contrat de prêt est unilatéral (Duranton, 17, n° 499; Troplong, n° 7; Dalloz, n° 58).

Le titre X du Code, relatif au prêt, en reconnaît d'abord deux espèces : le commodat ou prêt à usage, désigné aussi par quelques auteurs par le nom de prêt de courtoisie, et le prêt de consommation. Un chapitre particulier est consacré, en raison de son importance, au prêt à intérêt, qui ne forme pas une troisième espèce de prêt, mais une variété du prêt de consommation, fait non plus gratuitement, mais moyennant un prix appelé intérêt.

Nous n'avons à nous occuper ici que du commodat, mais auparavant il nous semble à propos de faire de l'art. 1874 une critique, qui

trouvera surtout plus loin son explication. L'art. 1874 est ainsi conçu :
« Il y a deux sortes de prêt : celui des choses dont on peut user sans les
détruire, et celui des choses qui se consomment par l'usage qu'on en
fait, etc. »

A ne consulter que ce texte, c'est à la nature de la chose prêtée
que l'on reconnaît l'espèce de prêt que les parties ont formé. Évidem-
ment le Code a statué *de eo quod plerumque fit*, mais il serait dangereux
de s'en tenir à la lettre. En effet, la distinction entre les choses qui se
consomment et celles qui ne se consomment pas *primo usu*, n'est pas
toujours exacte. Il y a une consommation naturelle et une consommation artificielle ou civile ; telle chose, non susceptible d'une consommation naturelle, peut faire l'objet d'une consommation civile, et de-
venir fongible par destination, par la seule volonté des parties.

Ainsi le prêt d'un livre fait à une personne, qui désire le lire, est un
commodat, parce que c'est le même livre qui doit être rendu ; fait à
un libraire, qui en a besoin pour le livrer à un acheteur, le prêt devient prêt de consommation : la chose, non fongible dans le premier
cas, le devient dans le second par la volonté des parties.

De même, un boucher peut donner en *mutuum* des moutons de tel
poids, de telle qualité et valeur, à condition qu'on lui en rendra un
même nombre de même poids, qualité et valeur, quoique l'art. 1894
exclue formellement du prêt de consommation les choses qui, bien
que de même espèce, diffèrent dans l'individu.

Ainsi la nature du prêt est généralement déterminée par l'usage
pour lequel la chose est prêtée. Si les parties n'ont rien précisé à cet
égard, il faut alors examiner la nature de la chose prêtée, la qualité
de l'emprunteur, pour en conclure par interprétation la nature du
contrat qui a été conclu.

Le Droit romain et, à son exemple, l'ancien Droit français établis-
saient une différence entre le commodat et le précaire ; le premier
était fait pour un temps déterminé par la convention, ou, à défaut de
fixation expresse, par la nature de l'usage concédé, et rendait l'em-

prunteur responsable de sa faute très-légère; dans le précaire, l'emprunteur ne répondait que de son dol, mais la durée de l'usage dépendait uniquement de la volonté du prêteur, ce qui le faisait appeler par Cujas : *Inconstans imbecillisque liberalitas*. Le Code n'a pas maintenu cette distinction; le nom générique de commodat désigne toute espèce de prêt à usage, et dans tous les cas l'emprunteur doit donner à la chose prêtée tous les soins d'un bon père de famille.

CHAPITRE PREMIER.

§ Iᵉʳ. *Définition et conditions essentielles du commodat.*

Le commodat ou prêt à usage est un contrat par lequel l'un des contractants livre gratuitement une ou plusieurs choses à l'autre partie, qui les reçoit pour en retirer un usage qui ne les consommera pas, et lui permettra de les rendre *in specie*, au terme expressément ou tacitement convenu.

Cette définition, tirée des art. 1875, 1876, 1878, 1888, nous permettra d'examiner les conditions essentielles à l'existence de ce contrat. Outre les conditions exigées par l'art. 1108, pour qu'il y ait commodat, il faut :

1º Qu'une des parties livre une chose à l'autre. — L'emprunteur ne peut se servir de la chose tant qu'elle ne lui a pas été livrée, qu'elle n'a pas été mise à sa disposition ; peu importe d'ailleurs que la tradition soit réelle ou feinte, c'est-à-dire s'opère par le seul consentement, quand, par exemple, l'emprunteur est autorisé à se servir de la chose qu'il avait en dépôt. De la nécessité de cette livraison préalable pour la perfection du contrat, *non consensu commodatum, sed traditione ex consensu facta, usus causa perficitur*, vient le nom de contrat réel, qui distingue le commodat proprement dit de la simple promesse du prêt.

2° Que la chose soit livrée dans le but de procurer à l'autre partie
la faculté de s'en servir. — L'usage de la chose attribué à l'emprunteur, tel est le but principal du commodat, but qui distingue efficace-
ment ce contrat des contrats de dépôt et de gage, dans lesquels la
chose n'est livrée que pour être seulement gardée ou servir de garantie, et qui ne peuvent renfermer un droit d'usage que d'une manière
incidente, comme indemnité des frais de garde ou intérêts de la dette
que la chose doit garantir.

Mais quelle est la nrture, quelle est l'étendue de l'usage concédé au
commodataire? L'usage, qui est l'objet direct du commodat, n'engendre
aucun droit réel, mais un simple rapport personnel. Le prêteur reste
propriétaire de la chose livrée en commodat, il la possède même par
l'intermédiaire de l'emprunteur absolument comme le bailleur possède par son fermier ou locataire. Le droit d'usage ordinaire constitue
une servitude, un démembrement du droit de propriété; il est susceptible de possession, et diffère encore de l'usage résultant du commodat par sa durée et surtout son étendue.

La même analogie existe entre le prêt à usage et l'usufruit, et des
différences marquées les distinguent. L'usufruit est un droit réel, démembrement de propriété qui absorbe l'usage et la jouissance pendant un temps ordinairement égal à la vie de l'usufruitier, tandis que
le commodat n'est destiné qu'à satisfaire des besoins momentanés et
restreints par la délicatesse à défaut de convention.

3° Que celui à qui la chose est livrée contracte l'obligation de rendre
la chose. — Cette restitution exigée du commodataire distingue essentiellement le prêt à usage de la donation, quoiqu'il provienne d'une
même source, la bienfaisance. Le prêt n'est qu'un abandon tempo-
raire de la chose; la donation, au contraire, exclut toute idée de retour, d'après le vieil adage : donner et retenir ne vaut.

4° Que l'obligation de rendre ait pour objet la chose même qui a
été livrée, et non une chose pareille. — C'est ce caractère qui distingue
le commodat du prêt de consommation. Le commodant reste pro-

3

priétaire et même possesseur de la chose prêtée, ou, pour parler plus exactement, conserve, abstraction faite de l'usage, tous les droits qui lui appartiennent avant le contrat. L'art. 1877, en supposant le prêteur propriétaire, a statué sur l'hypothèse la plus fréquente, mais cela n'empêche pas, comme nous le verrons plus loin, qu'on peut prêter à usage la chose d'autrui, et même recevoir en commodat sa propre chose.

5° Qu'aucun prix ne soit stipulé en faveur du prêteur. — Le commodat est essentiellement gratuit; un prix stipulé en argent en ferait un louage, un prix en toute autre chose en ferait un contrat innomé.

La gratuité du commodat le distingue donc du louage, et permet d'apprécier la différence qu'il y a entre le rôle du prêteur et celui du bailleur. Le prêteur ne recevant aucun salaire, mais faisant au contraire une libéralité, ne prend à l'égard du commodataire l'engagement ni de *le faire* ni de *le laisser jouir* de la chose, car si la chose est frugifère, ordinairement c'est le prêteur qui en profite; il ne s'engage pas même à le *faire user*, son obligation est toute négative, c'est de laisser user; enfin il ne répond que de ses faits personnels.

Le bailleur, au contraire, pour prix de la location qu'il perçoit, doit faire jouir son locataire, le garantir de tout trouble et éviction. Remarquons, en outre, que l'acquéreur est tenu de respecter le bail ayant date certaine au moment de la vente, mais non pas le prêt de la chose vendue; il serait injuste, en effet, que la libéralité, qui engendre le prêt, fût un obstacle à la transmission de la propriété.

§ II. *Des choses qui peuvent être prêtées à usage.*

L'art. 1878, textuellement emprunté à Pothier, n° 14, exige pour la validité du commodat deux conditions, savoir: 1° que la chose prêtée soit dans le commerce ; 2° qu'elle ne se consomme pas par l'usage qu'on en fait.

Examinons-les séparément.

D'abord la chose prêtée doit être dans le commerce, autrement la loi refuserait au prêteur toute action pour se la faire restituer, à moins que le prêt ne soit fait dans un but honnête et louable, tel que le prêt d'un livre prohibé fait à une personne qui veut le réfuter. A l'inverse, le prêt d'une chose dont le commerce est autorisé sera nul, si on la destine à un usage coupable, connu du prêteur, lequel en devient complice ; *ubi autem et dantis et accipientis turpitudo versatur, non posse repeti dicimus* (Paul, l. 3, *de condict. ob. turp.*).

En second lieu, la chose qui fait l'objet du commodat ne doit pas se consommer par l'usage, ce qui s'explique par cette considération, que le commodant reste propriétaire et possesseur de la chose, et qu'il ne peut conserver cette qualité, s'il n'est possible d'user de la chose prêtée qu'en l'absorbant, ou en faisant sur elle acte de propriétaire. Toutefois, cette règle ne doit pas être interprétée trop rigoureusement, et, comme nous l'avons dit plus haut, il ne faut pas s'arrêter seulement à la nature de la chose pour déterminer le caractère du prêt, il faut encore examiner le but qu'on se propose, l'usage auquel on destine la chose. Le prêt d'une somme d'argent fait à un comptable infidèle pour compléter sa caisse au moment d'une vérification, et qu'il restitue immédiatement après, sera un véritable commodat; l'argent est livré *ad pompam et ostentationem tantum ;* le commodataire ne le consomme pas et rend non-seulement une somme égale, mais les mêmes écus.

Quand les deux conditions de l'art. 1878 sont remplies, on peut prêter à usage les immeubles aussi bien que les meubles, les choses corporelles comme les choses incorporelles ; mais le prêt de meubles est le plus fréquent.

On peut prêter à usage la chose d'autrui, en ce sens que le contrat est valable entre les deux parties contractantes, tant que le véritable propriétaire n'intervient pas pour réclamer sa chose, et que l'emprunteur ne peut se refuser à rendre la chose prêtée, sous prétexte que le prêteur n'en est pas propriétaire, sauf cependant l'exception tirée par analogie de l'art. 1938.

Enfin, malgré le vieux brocard, *commodatum rei suæ esse non potest*, l'emprunt de sa propre chose peut être fait par le nu-propriétaire à l'usufruitier, puisque ce prêt procure au nu-propriétaire l'usage dont il était privé par la servitude d'usufruit.

§ III. *De la capacité des parties.*

Le contrat de prêt à usage, étant productif d'obligations, ne peut intervenir utilement qu'entre personnes ayant la capacité requise par la loi pour pouvoir s'obliger (art. 1123).

Par conséquent, les prêts faits à ou par des mineurs, interdits, femmes mariées non autorisées, seront obligatoires pour eux, jamais contre eux.

Ainsi le mineur, à qui on aura fait un prêt, ne pourra être contraint de rendre la chose prêtée avant le terme convenu ; après cette époque, la bonne foi exige qu'il restitue la chose, si elle existe encore entre ses mains, ou s'il l'a vendue, qu'il en remette le prix ou tout au moins ce qui a tourné à son avantage (arg. de l'art. 1926). — Si la chose a péri par sa faute, il ne doit pas de dommages et intérêts, à moins qu'étant *doli capax*, il n'ait amené cette perte par son délit ou quasi-délit (art. 1310). — Au reste, si la chose est restée entre les mains du mineur, et vient à périr par sa faute depuis sa majorité, il en est responsable, parce que le prêt a été ratifié par sa majorité.

Si, au contraire, le mineur fait un prêt à une personne capable, il peut en provoquer la nullité, réclamer la chose avant le temps convenu, et des dommages intérêts si elle vient à périr même par cas fortuits, à moins que l'emprunteur ne prouve que la perte fût arrivée également chez le mineur (art. 1302, 2e al.).

Le mineur émancipé peut valablement emprunter à usage ; l'art. 483, qui exige une délibération homologuée du conseil de famille, ne

concerne que les prêts à intérêts. — Le prêt à usage étant gratuit lui
est permis avec d'autant plus de raison, qu'il épargne les frais d'un
louage ; or, le louage fait par un mineur émancipé est valable, parce
que ce n'est qu'un acte d'administration.

La femme séparée est également capable d'emprunter à usage, car
elle a l'administration de sa dot et peut même vendre son mobilier (art.
1449). Celui qui est pourvu d'un conseil judiciaire jouit de la même
faculté. On doit également regarder comme valables les prêts faits par
ces personnes ; ce sont des libéralités souvent inévitables, en raison des
relations de famille, d'amitié ou de bon voisinage, et qui n'occasion-
nent pas de préjudices sérieux. Toutefois l'importance du prêt, la
qualité de l'emprunteur et diverses circonstances pourraient rendre le
contrat annulable.

Nous venons de voir comment le contrat de prêt à usage peut se
former, les choses qui peuvent en faire l'objet, les personnes entre les-
quelles il peut intervenir ; il nous reste à examiner les obligations qui
en dérivent pour l'emprunteur, et celles qui atteignent indirectement
le prêteur. Nous les étudierons séparément, en suivant à cet égard
l'ordre du Code, qui y consacre deux sections distinctes.

CHAPITRE II.

—

§ Ier. *Des engagements de l'emprunteur.*

L'obligation directe et principale, qui pèse sur le commodataire, est
celle de restituer *in specie* la chose prêtée, à l'expiration du terme expressément ou tacitement convenu. Cette obligation a pour corollaire
indispensable celle de veiller à la garde et à la conservation de la chose
prêtée, afin quelle retourne en bon état et avec tous ses accessoires
dans le patrimoine du prêteur : la bonne foi et l'équité exigent qu'il
ne soit pas victime de sa libéralité.

L'emprunteur est tenu, dit l'art. 1880, de veiller à la garde et à la conservation de la chose comme un bon père de famille, c'est-à-dire comme un administrateur soigneux et diligent. Cette expression est caractéristique; elle rend inutile la division tripartite des fautes, source de discussions et de controverses dans l'ancien droit, qui l'avait empruntée au Droit romain, et impose à l'emprunteur la responsabilité non-seulement de son dol, ce qui a toujours et universellement été admis, mais encore de toute faute que ne commet pas un bon père de famille. L'emprunteur ne pourra donc s'excuser en prouvant qu'il a apporté autant de soins à la garde et à la conservation de là chose prêtée, qu'à la sienne propre; la gratuité du commodat en exige davantage, et il n'y a pas à distinguer si le prêt est intervenu dans l'intérêt de l'emprunteur seul, ou s'il a pour but l'utilité commune (art. 1137). Toutefois la responsabilité de l'emprunteur peut être restreinte, non-seulement par une convention expresse, mais encore à défaut de convention, si le prêt a été fait dans l'intérêt exclusif du prêteur, quoique l'art. 1137 ne distingue pas, ce qui donne, au contrat le caractère d'un dépôt (art. 1927, 1928), ou bien à une personne dont la qualité bien connue du prêteur ne permet pas raisonnablement qu'on en exige les soins d'un bon père de famille (Poth., n° 49).

Le commodataire doit indemniser le prêteur de tout dommage causé à la chose par sa faute, mais non de ceux qui sont produits par le seul effet de l'usage auquel la chose était destinée (art. 1884); le prêteur, ayant pu prévoir ces détériorations naturelles, les a tacitement mises à sa charge.

Le commodataire ne répond pas non plus des cas fortuits et de force majeure; il est naturel, en effet, que le prêteur, retenant la propriété et la possession de la chose prêtée, supporte les risques qui en sont inséparables: *res perit domino*. Toutefois, même dans cette hypothèse, la responsabilité de l'emprunteur n'est à couvert qu'autant que cette perte ou détérioration n'a été précédée d'aucune faute de sa part, sans laquelle le dommage n'aurait pas eu lieu; c'est à lui à prouver le cas fortuit ou de force majeure dont il se prévaut pour sa libération (art. 1147 et 1148), et c'est au prêteur, qui combat cette prétention, a établir que le cas fortuit a été précédé de quelque faute imputable à son débiteur (arg. art. 1808).

La durée et le mode d'usage de la chose prêtée sont déterminés par le contrat de prêt, ou, à défaut de convention expresse, par la nature de la chose et la qualité de l'emprunteur. Si le commodataire intervertit l'usage de la chose ou la conserve plus longtemps qu'il ne doit, il viole la loi du contrat, et commet, non un vol comme en Droit romain, opinion professée aussi par Pothier, n° 22, mais une faute grave, qui le rend passible de dommages et intérêts, et étend sa responsabilité même aux cas fortuits (art. 1881), à moins qu'il ne prouve que la chose aurait également péri chez le propriétaire. Pothier enseigne aussi que la responsabilité de l'emprunteur serait à couvert quand, d'après la nature de ses relations, il a pu croire raisonnablement que le prêteur, s'il en avait été informé, aurait autorisé cette modification apportée au mode et à la durée de l'usage.

Ce tempérament doit être admis, malgré les critiques qu'il a soulevées, surtout en présence de la précision de l'art. 1881 ; l'esprit général du Code est contraire à la rigueur du droit strict romain, et autorise une appréciation d'intention pour déterminer la portée d'une convention.

L'emprunteur est tenu d'indemniser le prêteur, si la chose périt par cas fortuit, dont il aurait pu la garantir en employant la sienne propre, ou si, ne pouvant conserver que l'une des deux, il a préféré la sienne (art. 1882 ; l. 5, § 4, D. Commod.). — Ce qui constitue la faute de l'emprunteur, et, par suite, étend sa responsabilité aux cas fortuits, c'est la préférence injuste qu'il a pour sa propre chose, contrairement au devoir imposé par la reconnaissance et la délicatesse. Si donc ce n'est pas en prévision d'un danger qu'il a employé la chose prêtée à la place de la sienne; si, dans un incendie, c'est par hasard et non par choix qu'il a sauvé sa chose et non celle du prêteur, dès lors il n'y a plus de préférence inique, plus de faute, et par conséquent plus de responsabilité (Poth., n° 56; Troplong, 118).

Enfin, l'emprunteur répond des cas fortuits et de force majeure dans les cas exceptionnels suivants :

1° S'il s'en est expressément chargé ;

2° Si la chose a péri après sa mise en demeure, qui, par dérogation à l'art. 1139, s'opère de plein droit par la seule échéance du terme (art. 1881), sauf à l'emprunteur à repousser la demande en répétition par l'exception résultant du deuxième alinéa de l'art. 1302, s'il en a le droit ;

3° Lorsque la chose a été estimée au moment du prêt (art. 1883). Cette disposition, empruntée à la loi 5, § 3, D. Commod., qui était l'objet d'interprétations diverses, est justement critiquée; car, comme l'estimation n'est faite d'ordinaire que pour apprécier les dommages et intérêts, et qu'elle ne transporte pas la propriété de la chose au commodataire, elle ne devrait pas mettre à sa charge les cas fortuits et de force majeure. *Dura lex, sed lex;* l'art. 1883 est positif, il faudrait une convention expresse des parties pour pouvoir y déroger. Toutefois cette estimation ne change pas la nature de l'obligation de l'emprunteur, et ne lui permet pas de rendre, à son choix, la chose ou le prix de l'estimation.

Si l'emprunteur, après avoir payé l'indemnité, vient à recouvrer la chose, il ne peut exiger du prêteur qu'il la reprenne et qu'il lui rende le prix qu'il a versé; car le prêteur peut avoir acheté avec ce prix une chose semblable à celle qu'il a perdue, et l'emprunteur ne peut pas modifier un état de choses provenant de son fait. Le prêteur, au contraire, qui, après avoir touché l'indemnité, recouvre la chose, peut, à son choix, garder ou la chose ou le prix (Poth., 68 et 85; Troplong, n° 94).

Le commodataire doit supporter les dépenses que nécessite l'usage de la chose, par exemple, les frais de nourriture, de logement, de ferrure d'un cheval, et cela avec d'autant plus de justice, que l'usage lui est concédé gratuitement , et que , sous ce rapport au moins, il doit être assimilé au locataire qui, bien que payant le prix du bail, supporte néanmoins les réparations locatives. C'est, du reste, une conséquence de l'obligation qui lui est imposée (art. 1880) de veiller à la garde et à la conservation de la chose ; aussi l'art. 1886 lui refuse-t-il à cet égard tout droit de répétition.

Quant aux dépenses, qu'il a dû faire pour la conservation de la chose prêtée, si elles ont présenté un tel caractère d'urgence qu'il a été impossible d'en prévenir le prêteur, il a droit d'en exiger le remboursement (art. 1890), et peut y contraindre le prêteur en exerçant le droit de rétention, prérogative résultant du droit réel et de privilége que créent en sa faveur les dépenses faites pour la conservation de la chose (Troplong, 128). On invoque contre cette opinion l'art. 1948, en disant que la loi, qui accorde ce privilége au dépositaire, le refuse implicitement au commodataire ; qu'il n'y a aucune assimilation possible, puisque l'un rend un service, tandis que l'autre en reçoit un, et que, d'ailleurs, les droits du commodataire sont dans cette hypothèse suffisamment protégés par le privilége de l'art 2102, troisième alinéa. Mais ce droit de rétention est fondé , non pas sur un argument tiré de l'art. 1948, mais sur l'exception de dol opposable au prêteur , qui ne peut équitablement réclamer la restitution de sa chose, avant d'avoir payé les dépenses faites pour sa conservation , dépenses dont en définitive il profite : *qui habet emolumentum, onus sentire debet.*

L'emprunteur ne peut garder la chose en compensation de ce qui lui serait dû par le prêteur, même quand le prêt a pour objet des choses fongibles , prêtées *ad pompam et ostentationem* (art. 1885, 1293, 2e al.). Cependant, si la chose vient à périr par la faute de l'emprunteur, ce qui le rend débiteur de la valeur ou de dommages et intérêts, la compensation est alors opposable, puisqu'il y a en présence deux dettes également liquides et exigibles (art. 1291 ; Pothier, n° 44 ; Troplong, 132).

L'obligation principale de l'emprunteur est, avons-nous dit, de restituer la chose prêtée *in specie*, avec ses accessoires et sans qu'une mise en demeure soit nécessaire (except., art. 1139), à l'expiration du terme convenu, ou à défaut de convention, après que la chose a servi à l'usage pour lequel elle était prêtée.

Toutefois si, à l'expiration du terme, la restitution immédiate devait causer un préjudice considérable à l'emprunteur, celui-ci pourrait, en raison des circonstances, obtenir des juges un délai modéré, sauf à indemniser le prêteur du dommage que pourrait lui causer ce retard dans la restitution. Cette prorogation serait refusée, si c'est par force majeure et *a fortiori* par négligence, qu'il ne s'est pas servi de la chose avant l'expiration du terme, et à défaut de terme convenu, s'il n'a pas profité du temps moral suffisant pour terminer l'opération en vue de laquelle la chose a été prêtée (Poth., n° 24 ; Tropl., 148, 149).

Dans tous les cas, une fois que la chose a servi à l'usage auquel elle était destinée, la restitution immédiate peut en être exigée, même avant l'expiration du terme (Pothier, 26 ; Troplong, 150).

La restitution de la chose prêtée décharge l'emprunteur de toute responsabilité, quand elle est faite valablement, c'est-à-dire au prêteur lui-même ou à son représentant légitime. Par représentant légitime il faut entendre le mari, quand la chose a été prêtée par la femme avant le mariage, le mandataire spécial du prêteur, ou son tuteur s'il a été interdit depuis le prêt, ou s'il est mineur, à moins, dans ce dernier cas, qu'il ne s'agisse d'objets laissés à la libre disposition du mineur, car alors le prêt est virtuellement autorisé, et la restitution faite à la personne du mineur est aussi valable, malgré la règle : *Pupillo sine tutoris auctoritate solvi non potest* (D. l. 15, de solut.).

L'emprunteur ne peut refuser la restitution sous prétexte que le prêteur n'est pas propriétaire de la chose : ce serait reconnaître un bienfait par l'ingratitude, empêcher le prêteur d'accomplir son obligation, l'exposer à des poursuites et à une condamnation. Il en est autrement, toutefois, quand l'emprunteur apprend que la chose provient d'un vol, et connaît le véritable propriétaire ; il doit alors l'avertir du prêt, le sommer de venir réclamer la chose dans un certain délai, passé lequel il est libéré valablement par la remise de la chose entre les mains du prêteur (arg. de l'art. 1938).

L'emprunteur est soumis à deux actions de la part du commodant : l'une, l'action *commodati*, est personnelle, et se prescrit par trente ans à compter du jour où l'obligation de restituer est devenue exigible (art. 2262, 2257, dernier alin.); l'autre est réelle, c'est l'action en revendication qui s'exerce tant contre le commodataire que contre ses héritiers (art. 1879); elle est imprescriptible, parce que la précarité est un obstacle à la prescription, et que ce vice ne se purge pas par la mort de leur auteur qu'ils représentent (art. 2237), mais par la seule interversion du titre (art. 2238).

Quant à la revendication des meubles prêtés, elle n'aurait pas lieu contre les tiers détenteurs de bonne foi : en fait de meubles possession vaut titre (art. 2279).

La chose prêtée doit être remise au prêteur dans le lieu convenu, et en l'absence de convention, à son domicile ou au lieu qu'elle occupait au moment du prêt (art. 1247); les frais de transport sont naturellement à la charge du commodataire. Cependant, dans le cas imprévu, où le prêteur transporterait fort loin son domicile, l'augmentation des frais, qui en résulteraient pour la remise de la chose, serait à sa charge ; l'équité exige qu'un bienfait ne se transforme pas en une charge onéreuse pour l'emprunteur.

Lorsque plusieurs ont emprunté conjointement la même chose, ils en sont solidairement responsables envers le prêteur (art. 1887). Chacun d'eux peut être poursuivi pour le tout, comme étant le mandataire des autres, et les poursuites dirigées contre un seul interrompent la prescription à l'égard des autres.

Il en serait autrement, si l'emprunteur décède en laissant plusieurs héritiers ; ceux-ci ne sont point débiteurs solidaires. Leur obligation est régie par les mêmes principes que l'obligation divisible, dont l'objet est un corps certain (art. 1221, 2ᵉ alin., 1222 et 1225).

§ II. *Obligations du prêteur.*

Le prêteur est tenu de laisser pendant le temps convenu l'usage de la chose à l'emprunteur ou à ses héritiers (art. 1888), à moins qu'il ne résulte de l'acte de prêt ou des circonstances, que la chose n'a été prêtée qu'en considération de l'emprunteur, et à lui personnellement (art. 1879).

Le juge peut, même avant l'expiration du terme expressément ou tacitement convenu, obliger l'emprunteur à restituer la chose prêtée, si le prêteur, par suite de circonstances imprévues, vient en avoir lui-même un besoin urgent. Cependant l'emprunteur, qui éprouverait un préjudice considérable de cette restitution anticipée, serait admis à se libérer momentanément par équivalent, en attendant qu'il puisse restituer la chose même qui lui a été livrée. Il est bien entendu que, pour jouir de cette faveur, l'emprunteur doit prouver le préjudice qu'il invoque, autrement le prêteur pourrait se faire autoriser en référé à poursuivre *manu militari* la restitution de sa chose (Pothier, n° 25, 68).

Le prêteur est tenu de rembourser à l'emprunteur les dépenses extraordinaires, qu'il a faites pour la conservation de la chose, quand elles ont présenté un caractère de nécessité et d'urgence tel, que l'emprunteur n'a pu préalablement l'en prévenir (art. 1890). L'emprunteur est en droit de répéter ses avances, alors même que la chose a péri depuis, naturellement ou par cas fortuit, mais sans sa faute (Pothier, n° 83).

Enfin, le prêteur répond du dommage que les vices cachés de la chose ont causé à l'emprunteur, soit par l'effet de l'usage qu'il en fait, soit par l'impossibilité où il s'est trouvé de l'employer à l'usage convenu, lorsque, en ayant connaissance au moment du prêt, il a négligé d'en avertir l'emprunteur (art. 1891). Il est également passible de dommages et intérêts, lorsque, n'ayant pas le droit de prêter la

chose pour le temps convenu, il n'a pas fait connaître cette circons-
tance à l'emprunteur, et l'a ainsi exposé à une éviction certaine. Mais
sa responsabilité serait à couvert, s'il avait ignoré les vices de sa possession, les défauts de la chose, ou même si ces défauts étaient assez
apparents pour que l'emprunteur ne pût prétendre les avoir ignorés.

DROIT COMMERCIAL.

De l'apposition des scellés et des premières disposi-
tions à l'égard de la personne du failli.
(Art. 455 à 461.)

Toute faillite est le résultat de malheurs, d'imprudences ou de fautes criminelles de la part du failli. Ce n'est que par la recherche et l'examen toujours long et difficile des causes qui ont amené la faillite, des circonstances qui l'ont accompagnée, qu'on peut en déterminer le caractère ; mais comme cet état est désastreux pour les créanciers, comme il fait naître une présomption de fraude contre le failli, l'intérêt des créanciers et celui de la justice exigent que l'on prenne des mesures préventives tant à l'égard des biens que de la personne du failli.

Ces mesures sont l'apposition des scellés sur tous les biens meubles du failli, et le dépôt de sa personne dans la maison d'arrêt pour dettes. Cette dernière mesure est bien rigoureuse, d'autant plus qu'elle peut atteindre un commerçant malheureux et non coupable ; aussi peut-on l'adoucir par la délivrance d'un sauf-conduit, et doit-elle cesser complétement, aussitôt que la présomption de fraude, sur laquelle elle repose, vient à tomber.

De l'apposition des scellés.

L'apposition des scellés est une mesure conservatoire prise dans l'intérêt des créanciers, et dont le but est de prévenir les détournements, résultat qui ne peut être atteint que par une prompte mise à exécution de cette mesure.

Aussi l'art. 455 exige que le tribunal ordonne l'apposition des scellés par le même jugement qui déclare la faillite, et le greffier doit sur-le-champ et sans provocation donner avis de ce jugement, non-seulement au juge de paix du domicile du failli (art. 457), mais encore aux juges de paix des lieux où, soit la notoriété publique, soit les renseignements recueillis feraient connaître l'existence de magasins, dépôts de marchandises, etc., appartenant au failli (Pardessus, n° 1146).

Le juge de paix pourra, même avant ce jugement, soit d'office, soit sur la réquisition d'un ou plusieurs créanciers, apposer les scellés sur tous les biens meubles du failli, mais seulement dans deux cas textuellement prévus, afin de prévenir l'emploi abusif d'une mesure toujours très-préjudiciable à l'honneur et au crédit de celui qui en est l'objet. Ces deux cas sont : la disparition du débiteur et le détournement de tout ou partie de son actif, qu'il provienne du fait du failli ou d'un tiers, peu importe, la loi ne distingue pas (art. 457, 2e alinéa).

Remarquons toutefois que c'est là une faculté abandonnée à la prudence du juge de paix et non un devoir; que ce magistrat est toujours juge de l'opportunité de la demande des créanciers, libre d'y déférer ou de n'en tenir aucun compte, d'après les circonstances.

A part ces deux cas exceptionnels, il faut, pour procéder à l'apposition des scellés, un jugement du tribunal de commerce; une simple ordonnance sur requête serait insuffisante.

Les scellés seront apposés sur les magasins, comptoirs, caisses, porte-feuilles, livres, papiers, meubles et effets du failli (art. 458). Cette énumération n'est pas limitative. On peut mettre sous les scellés les objets appartenant à la faillite partout où ils se trouvent, à moins que ces effets ou marchandises n'aient été avant la faillite remis en consignation, et que le consignataire n'ait reçu le pouvoir de les vendre et de se rembourser sur le prix. La convention régulière, intervenue avant la faillite entre le failli et un tiers, doit toujours produire son effet.

En cas de faillite d'une société, les scellés seront apposés sur les magasins, etc., du siége social, puisque la société forme une personne morale; mais, en ce qui concerne le domicile particulier des associés, on ne peut y apposer les scellés qu'autant qu'il s'agit d'une société en nom collectif, où tous les associés sont solidaires. Cependant, dans une société en commandite, on pourra également apposer les scellés au domicile particulier du gérant ou des gérants responsables. En ce qui concerne les simples commanditaires, les membres participants, et ceux d'une société anonyme, on ne peut apposer les scellés en leur domicile particulier que comme chez les tiers ordinaires, c'est-à-dire sur les choses du failli.

Dans tous les cas, le juge de paix donnera, sans délai, au président du tribunal de commerce avis de l'apposition des scellés (art. 458, 3e alinéa).

Par opposition à la règle de l'art. 455 (1er alinéa), le juge-commissaire, s'il estime que l'actif de la faillite peut être inventorié en un seul jour, a le droit d'ordonner qu'il ne sera point apposé de scellés, et qu'on procédera immédiatement à l'inventaire (art. 455, 2e alinéa). Il en serait de même d'après M. Bédaride, si le mobilier, marchandises, etc., se trouvaient saisis avant la faillite à la requête des créanciers; le procès-verbal de l'huissier tient lieu d'inventaire, et la responsabilité du séquestre exclut toute possibilité de détournements ultérieurs.

L'ordonnance du juge-commissaire dispensant de l'apposition des scellés procure une économie de temps et de frais dans les faillites peu considérables ; elle n'est pas susceptible de recours, aucun article du Code ne l'autorisant, en sorte que dans ce cas le rôle du juge de paix, rendu sur les lieux, se bornerait à dresser procès-verbal de son abstention motivée.

Le juge-commissaire pourra également, à la demande des syndics, les dispenser de faire placer sous les scellés, ou les autoriser à en faire extraire :

1° Les vêtements, hardes, meubles et effets nécessaires au failli et à sa famille, quand il résulte des circonstances que le failli mérite cette faveur. Les syndics doivent dresser et signer un état estimatif des meubles pris sur l'actif et appartenant directement au failli, ainsi que du trousseau de la femme, dont la moins-value est supportée par la masse.

2° Les objets sujets à dépérissement prochain ou à dépréciation imminente.

3° Les objets servant à l'exploitation du fonds de commerce, lorsque l'interruption dans l'exploitation serait préjudiciable à la masse (art. 469).

Les syndics doivent immédiatement, par eux-mêmes ou par des tiers, procéder à l'inventaire avec prisée des objets compris dans les deux derniers paragraphes, en présence du juge de paix qui signera le procès-verbal, et ensuite à leur vente (art. 469 et 470).

La présence du juge de paix à l'inventaire est toujours exigée, alors même qu'il n'y a pas eu d'apposition de scellés ; l'art. 455 est muet à cet égard, mais la règle est inscrite dans l'art. 480. Le juge de paix signe à chaque vacation l'inventaire pour certifier ainsi la consistance et la valeur de l'actif ; sa présence est une garantie pour la sauvegarde des intérêts des créanciers, et il y aurait une choquante anomalie à charger les syndics de la garde du dépôt et de la certification de sa valeur, en un mot du contrôle de leur propre administration.

Dispositions à l'égard de la personne du failli.

§ Ier. *Arrestation du failli.*

Bien que la faillite ne soit pas toujours le résultat d'un délit, elle fait naître une présomption défavorable contre le failli, et légitime son arrestation préventive. Sans cette précaution, d'ailleurs, le failli pourrait, en s'éloignant volontairement à l'époque où sa présence est le plus indispensable pour fournir des renseignements sur l'état de ses affaires, amener ses créanciers à composition, et, s'il est coupable, se soustraire par la fuite à une juste condamnation. Aussi, par le jugement déclaratif de la faillite, le tribunal doit-il ordonner le dépôt du failli dans la maison d'arrêt pour dettes, ou la garde de sa personne par un officier de police ou de justice, ou par un gendarme (art. 455).

Cette mesure se distingue de la contrainte par corps ordinaire, qui n'est point une peine, mais un moyen de coaction régi par le Code de procédure (art. 780); aussi le failli peut être incarcéré quoique septuagénaire, et n'a pas le droit de demander la nullité de son emprisonnement, comme dans le cas de contrainte par corps.

Cependant le failli peut être affranchi du dépôt ou de la garde, quand il a lui-même déclaré sa faillite et déposé son bilan, ou justifié l'impossibilité où il s'est trouvé de le faire (art. 456). Le Code de 1807 n'autorisait pas cette exemption; aussi sa rigueur même manquait son but en empêchant son application; la loi de 1838 a introduit cette faveur pour engager le failli à fournir lui-même tous les renseignements indispensables sur l'état de ses affaires, et à les terminer promptement et judiciairement.

Mais la loi refuse cette faveur, quand le failli se trouve déjà détenu

pour dettes ou autres causes, car alors la déclaration de faillite cesse
d'être méritoire, étant faite moins dans l'intérêt des créanciers que
dans le but de se soustraire à l'effet de la contrainte par corps et
d'assurer sa liberté personnelle. Aussi M. Pardessus (art. 1145) pense-t-
il que, dans ce cas, le tribunal doit ordonner que le failli soit écroué
de nouveau en vertu de son jugement, afin que, par une connivence
avec le créancier exerçant la contrainte, il ne puisse obtenir une libération, qu'il était du devoir du tribunal de prévenir et d'empêcher.
Inutile d'ajouter que le tribunal ne pourrait affranchir le failli du
dépôt ou de la garde et ordonner son élargissement, s'il était déjà
détenu pour crime ou délit.

Les dispositions, qui ordonnent le dépôt ou la garde du failli, s'exé-
cutent à la diligence, soit des syndics, soit du ministère public.
L'art. 460 est formel, et a fait cesser la controverse que le Code de
1807 avait fait naître sur la question de savoir si ce droit apparte-
nait ou non aux syndics.

Le greffier du tribunal de commerce doit adresser dans les vingt-
quatre heures, au procureur impérial du ressort, extrait des juge-
ments déclaratifs de faillite, mentionnant les principales indications
et dispositions qu'ils contiennent (art. 459). Le procureur impérial
peut même requérir à toute époque communication des livres et papiers du failli; il poursuit contre lui l'exécution du jugement dans
les formes et par les officiers établis pour l'exécution des mandats
d'arrêt ou de dépôt, et en fait connaître sans délai le résultat au président du tribunal.

Le dépôt ou la garde du failli empêche de recevoir contre lui un
écrou ou une recommandation à la requête de ses créanciers; ces mesures deviennent inutiles du moment où le failli est dessaisi de ses
biens, et seraient injustes, puisque la contrainte par corps antérieure
à la déclaration de faillite cesse elle-même de produire un effet de
coaction. Il n'y a pas d'ailleurs à distinguer entre les créanciers commerçants ou non commerçants. Cette question était controversée sous

le Code de 1807 ; car il refusait l'écrou ou recommandation en vertu d'aucun jugement du tribunal de commerce, ce qui semblait ne pas comprendre les dettes civiles. Aujourd'hui le doute n'est plus permis, l'art. 455 est formel et concerne toute espèce de dettes ; il est rationnel en effet, puisque les créances civiles et commerciales sont admises indistinctement dans la faillite, de ne pas créer en faveur des unes un privilége dont les autres seraient privées.

§ II. Sauf-conduit.

Lorsque le failli a été incarcéré, le tribunal peut, soit sur la proposition du juge-commissaire, soit sur la demande personnelle du failli, faire cesser son arrestation en lui accordant sa mise en liberté pure et simple avec sauf-conduit provisoire de sa personne, ou avec sauf-conduit en fournissant caution de se représenter (art. 472, 473).— L'art. 490 du Code n'accordait cette faveur qu'autant qu'il n'y avait aucune présomption de banqueroute, mais la loi de 1838 n'a pas reproduit cette disposition ; il n'y a pas en effet d'abus à craindre, le tribunal n'accorde cette faveur que sur le rapport du juge-commissaire, d'après l'état apparent de la faillite, et souvent avec des précautions relatives à la personne du failli ; il peut même la retirer quand il le croit nécessaire, et le ministère public a le droit d'en empêcher l'effet en maintenant l'incarcération pour prévention de crime ou délit.

Quand le tribunal exige un cautionnement de la part du failli, il en arbitre le montant, et fixe sa nature réelle ou hypothécaire. En cas de non comparution du failli, la totalité du cautionnement est dévolue à la masse à titre de dommages et intérêts (art. 472), et le failli peut être poursuivi comme banqueroutier (art. 586).

La mise en liberté provisoire du failli ne peut être accordée que par le tribunal seul, et en audience publique. Les syndics ne seraient pas fondés à faire cesser de leur propre autorité l'incarcération du failli, sous prétexte qu'un tiers solvable a cautionné toutes ses dettes. Le failli ne doit pas non plus considérer comme un sauf-conduit la sommation, que lui font les syndics, d'assister à la vérification des créances.

Le jugement, qui accorde le sauf-conduit, n'est susceptible ni d'opposition, ni d'appel, ni de recours en cassation (art. 583, 2°); mais tant qu'il n'est pas rendu, les créanciers qui exerçaient la contrainte par corps avant la faillite et les syndics peuvent intervenir dans l'instance formée par le failli pour obtenir sa liberté, et combattre sa demande. A cet égard, il peut paraître contraire à l'art. 455 que le tribunal, qui a été forcé de maintenir l'incarcération du failli quand antérieurement il était soumis à la contrainte par corps, puisse ensuite lui accorder sa mise en liberté; mais cette anomalie apparente s'explique par la raison que cette mesure est prise non dans l'intérêt du failli, mais dans celui de la masse, afin d'activer les opérations et de diminuer les frais de la faillite.

Le sauf-conduit, dont la durée n'a pas été fixée, se prolonge durant les opérations de la faillite, à moins qu'il ne soit révoqué auparavant, ce que le tribunal doit faire, soit d'office, soit sur la provocation du juge-commissaire ou des créanciers, lorsque le failli fait un mauvais usage de sa liberté, ou que de nouveaux renseignements le rendent suspect de banqueroute.

§ III. *Secours alimentaires.*

La déclaration de faillite, enlevant au failli la possession et l'administration de ses biens, peut le laisser dans un état de gêne très-critique, et son incarcération le mettre dans l'impossibilité de subvenir à ses besoins et à ceux de sa famille. Dans le but d'empêcher que la prévision de cette fâcheuse extrémité ne fût pour le failli un motif de se ménager des ressources illégitimes, la loi de 1838, plus libérale et en même temps plus sage que le Code de 1807, a sanctionné la pratique habituelle des tribunaux, et donné au juge-commissaire le pouvoir d'accorder, sur la proposition des syndics, un secours provisoire au failli (art. 474). Il n'est pas nécessaire de consulter à cet égard les créanciers; d'ailleurs à cette époque la plupart sont inconnus ou absents, vouloir prendre leur avis serait retarder la délivrance du secours au moment même où il est le plus urgent. Mais, après l'union, le secours doit être voté par la majorité des créanciers (art. 530).

Le failli peut lui-même demander directement un secours au juge-commissaire, car l'art. 474 porte qu'en cas de contestation on peut appeler au tribunal de la décision du juge-commissaire relative au secours, et décide implicitement que les syndics n'ont pas le droit absolu d'accorder ou de refuser le secours.

La délivrance de ce secours est une faculté, et non un devoir. Le juge-commissaire doit donc en arbitrer le montant d'après les besoins réels du failli, car c'est un secours alimentaire, en tenant compte et des ressources et du caractère de la faillite. Sa décision est sujette à l'appel, soit de la part des syndics, soit de celle du failli; quant à ce dernier, son action lui est tout à fait personnelle, et se base sur ce que la volonté des créanciers est inconnue, et qu'il a des motifs de croire qu'ils se montreraient plus bienveillants à son égard. Elle est donc inadmissible en ce qui concerne le secours voté par les créanciers en état d'union, secours qui constitue de leur part une véritable libéralité et enlève au failli le droit d'en contester et le principe et la quotité.

Il arrivait souvent, sous le Code de 1807, que les créanciers, craignant d'avancer en pure perte les frais de la faillite, n'osaient en poursuivre les opérations et subissaient la loi que leur imposait un débiteur de mauvaise foi, d'autant plus assuré d'une scandaleuse impunité, que sa faillite paraissait plus désastreuse. L'art. 461 de la loi de 1838 prévient le retour de ces faits affligeants pour la morale publique, en ordonnant, dans le cas d'insuffisance momentanée de l'actif, que l'avance des frais de jugement, apposition de scellés, arrestation et incarcération du failli, soit faite par le trésor public, qui en sera remboursé par privilége sur les premiers recouvrements, sans préjudice du privilége du propriétaire.

Vu par le soussigné président de l'acte public.

Le 27 novembre 1858.

THIERIET.

Permis d'imprimer :

Strasbourg, le 28 novembre 1858.

Le Recteur, DELCASSO.